Christa Reif

Weihnachtskarten schnell gemacht

AUGUSTUS

Inhalt

Material und Arbeitsgeräte

Alle in diesem Buch vorgestellten Karten wurden aus Materialien gefertigt, die Sie in jedem gut sortierten Bastelgeschäft bzw. im Schreibwarenbedarf finden. Dabei können Sie natürlich statt der beschriebenen auch andere Materialien verwenden. Finden Sie z. B. nicht den passenden Stoff, können Sie auch Geschenkpapier verwenden. Kleine Sterne können Sie mit einem Wunderlocher herstellen oder mit Cutter oder Schere ausschneiden. Für viele Bastler sind die selbstklebenden Schriftzüge eine große Erleichterung: Sie bieten ein gleichmäßiges und exaktes Schriftbild, und ihre Position auf der Karte lässt sich nachträglich noch korrigieren.

Falls Sie ihre Glückwünsche lieber selbst schreiben möchten, besorgen Sie sich einen Goldfolienstift mit feiner Spitze (aber nicht zu dünn) oder schreiben Sie mit einem feinen Pinsel. Ein Schriftzug zum Kopieren ist auf dem Vorlagenbogen zu finden.

Im Einzelnen wurden für die Karten diese Buches folgende Materialien und Arbeitsgeräte verwendet:

Material

① Farbige Doppel- oder Passepartoutkarten in unterschiedlichen Größen
② Baumwoll- oder Satinstoffe mit Weihnachtsmotiven
③ Geschenkpapier mit Weihnachtsmotiven
④ Briefpapier mit Weihnachtsmotiven – auch transparent (DIN A4)
⑤ strukturierte Naturpapiere
⑥ Bastelwellpappe
⑦ Spiegelkarton oder glänzende Bastelfolie
⑧ Tonkarton
⑨ flache Holzfigürchen
⑩ Streusternchen in verschiedenen Größen
⑪ Selbstklebende Sternchen in verschiedenen Größen
⑫ Selbstklebende Schriftzüge und Buchstaben
⑬ verschiedene Stempel für die Embossing-technik
⑭ Embossingkissen, farblos
⑮ goldfarbener Embossingpuder
⑯ Doppelklebefolie, eventuell mit zwei unterschiedlich stark klebenden Seiten
⑰ Zellkautschuk oder vergleichbares Material
⑱ goldene Farbe aus dem Wasserfarbkasten (Nachfüllstein)
⑲ Goldfolienstift mit feiner Spitze

Arbeitsgeräte

① *Schneidunterlage aus Kunststoff*
   in Größe DIN A4 (ersatzweise Graupappe)
② *Cutter*
③ *Geodreieck*
④ *Lineal, mit Metallkante zum Schneiden*
   mit dem Cutter
⑤ *Bleistift mittlerer Härte (B)*
⑥ *Kohlepapier oder Transparentzeichenpapier*
   zum Übertragen von Vorlagen
⑦ *Papierkleber*

⑧ *Doppelklebeband*
⑨ *»Quick-Glue-Pen«, eine Art dicker Filzstift,*
   mit Klebstoff gefüllt (für Schriftzüge, Verzie-
   rungen und zum Kleben von Spiegelkarton)
⑩ *Schere (eventuell auch eine Silhouetten-*
   schere)
⑪ *Wunderlocher/Motivlocher*
⑫ *Reste eines Haushaltsschwamms*
   (zum Auftupfen von Farben)
⑬ *feiner Pinsel*
⑭ *Heißluftgebläse für die Embossingtechnik*
   (ersatzweise ein Toaster)

Grundtechniken

Stoffmotive mit Klebefolie aufbringen

Schneiden Sie das ausgewählte Motiv mit etwas Zugabe grob aus dem Stoff aus. Schneiden Sie ein entsprechendes Stück Doppelklebefolie zurecht. Lösen Sie nun die orange Schutzfolie ab, legen das Stoffmotiv auf die Doppelklebefolie und reiben es mit Hilfe der Schutzfolie gut an. Schneiden Sie nun das Motiv exakt aus, entfernen Sie die zweite Folie und kleben Sie es auf.

»Aufblocken«

Um plastische Effekte zu erzielen, kann man ein Motiv auf kleine Polster kleben. Der Handel bietet unterschiedliche Materialien an: z. B. kleine, teilweise vorgestanzte Zellkautschukplatten oder Klebebänder aus ähnlichem Material. Schneiden Sie das Material zurecht, ziehen Sie die Trägerfolie ab, und kleben Sie die Stückchen auf die Rückseite des Motivs. Wählen Sie die Klebepolster in keinem Fall zu klein, sonst verschiebt sich das Motiv unter Umständen, wenn Sie die Karte versenden.

»Aufblocken« eines Stoffmotivs

Kleben Sie das Stoffmotiv, wie oben beschrieben, mit Doppelklebefolie auf Fotokarton auf, schneiden Sie es nun erst exakt aus, und kleben Sie dann das so verstärkte Motiv wie gehabt auf dem Polstermaterial auf. Ein leichtes Versetzen nach innen bewirkt, dass das Polster später kaum sichtbar ist.

Embossing

Drücken Sie einen Stempel auf das farblose Embossingkissen und stempeln Sie das Motiv auf die gewünschte Position. Streuen Sie farbigen Embossingpuder auf das Motiv, der an den noch feuchten Stellen haften bleibt. Überschüssigen Puder können Sie in das Töpfchen zurückschütten. Bringen Sie nun den Puder mit einem Heißluftgebläse oder flach über einem Toaster zum Schmelzen. Die gestempelte Seite halten Sie dabei nach oben. Machen Sie zunächst einige Versuche auf Kartonresten um Stempeltechnik und Pulverauftrag zu üben. Sie können gelungene Stempelmotive dann ausschneiden und später auf der Karte anbringen.

Streusternchen aufkleben

Verwenden Sie einen Klebstoff mit Punktspitze, setzen Sie zunächst einen feinen Klebepunkt auf den Karton und legen dann das Sternchen auf. Entweder benutzen Sie dazu eine Pinzette oder die Cutterspitze. Sternchen anschließend gut andrücken.

Spiegelkarton aufkleben

Spiegelkarton ist ein einseitig mit Hochglanzfolie beschichteter Karton, der auf Fingertupfen und Verschmutzungen sehr empfindlich reagiert. Wenn Sie Spiegelkarton auf der weißen Papierrückseite mit Klebstoff bestreichen, kann es passieren, dass der Karton sich an den äußeren Kanten hochbiegt, die Klebestellen durchschlagen, oder die Klebkraft nicht ausreicht. Optimale Ergebnisse erzielen Sie mit Doppelklebeband.

Sternenglanz

So wird's gemacht

Übertragen Sie die Vorlage für den Stern auf die Rückseite des Spiegelkartons, und schneiden Sie den Stern aus. Schneiden Sie vom Spiegelkarton noch einen Streifen von 18,4 cm Länge und 0,7 cm Breite ab. Kleben Sie den Stern so auf die Vorderseite der Karte, dass eine Zacke exakt die Mitte des rechten Kartenrandes markiert und die beiden linken Zacken den Mittelfalz berühren. Kleben Sie kleine Streifen des Zellkautschuks unter diese Zacken, sodass sich diese etwas vom Karton abheben. Zeichnen Sie parallel zum rechten Kartenrand im Abstand von 3 cm eine Bleistiftlinie (die Sternenzacke aussparen) und schneiden diese Linie sowie die Spitze der Zacke mit Cutter und Lineal nach. Auf den nun sichtbaren Rand der Karteninnenseite zeichnen Sie zwei feine Bleistiftlinien parallel zum rechten

Kartenrand: die Erste im Abstand von 1,5 cm, die Zweite im Abstand von 3 cm. Auf die erste Linie kleben Sie ober- und unterhalb der großen Sternenzacke rote Streusternchen im Abstand von jeweils 1 cm (Anleitung siehe Seite 6), auf die zweite Linie kleben Sie den Streifen aus Spiegelkarton.

Aus einzelnen Buchstaben kleben Sie nun den Schriftzug »Frohe Weihnachten« sowie drei Streusternchen auf den großen glänzenden Stern – möglichst parallel zur unteren Kante der überstehenden Zacke. Ein Tipp: Beginnen Sie beim Schreiben mit dem letzten »n« von »Weihnachten«.

Tanne
im Festtagsglanz
(im Foto rechts)

Das wird gebraucht

rote Doppelkarte ca. 18 x 12 cm
roter Spiegelkarton DIN A6
selbstklebender goldener Schriftzug
  »Frohe Weihnachten«
selbstklebende goldene Sternchen
  in verschiedenen Größen
Zellkautschuk oder ähnliches Material
Schneidunterlage
Cutter • Lineal • Bleistift • Pauspapier

So wird's gemacht

Übertragen Sie die Vorlage für den Tannenbaum auf die Rückseite des Spiegelkartons und schneiden Sie den Baum aus. Legen Sie den Baum mit 3 cm Abstand vom unteren Rand und je 1,5 cm von den Seiten auf die Vorderseite der Doppelkarte, und zeichnen Sie die Umrisse leicht mit Bleistift nach. Öffnen Sie die Karte und schneiden Sie auch diesen Baum mit Cutter und Lineal aus. Blocken Sie den glänzenden Tannenbaum auf (Anleitung siehe Seite 6) und kleben Sie ihn um etwa 0,8 cm nach unten versetzt auf die Vorderseite der Doppelkarte. Verteilen Sie einige kleine Sternchen auf der Spiegelfolie und einen größeren Stern über die Baumspitze des Kartenausschnitts. Parallel zur linken Baumkante kleben Sie den Schriftzug »Frohe Weihnachten«.

Christbäume im goldenen Sternenschimmer

(Foto Seite 10, links)

Das wird gebraucht

marmorierte champagnerfarbene
  Doppelkarte DIN A6, Hochformat
schwarzer Tonkarton
selbstklebender goldener Schriftzug
  »Frohe Weihnachten«
Stempel mit Schneeflockenmotiv
Embossingkissen, farblos
goldfarbener Embossingpuder
Zellkautschuk oder ähnliches Material
Schneidunterlage
Cutter • Lineal • Pauspapier
Bleistift • Klebstoff

So wird's gemacht

Zeichnen Sie im Abstand von 3,6 cm zum oberen Kartenrand ein Quadrat mit einer Kantenlänge von 6,4 cm auf die Vorderseite der Karte. Schneiden Sie dieses Quadrat mit Cutter und Lineal sorgfältig aus. Übertragen Sie die Umrisse des Tannenbaums auf den schwarzen Tonkarton. Schneiden Sie den Baum aus, und teilen Sie die Tanne an der Mittellinie in zwei Hälften. Schneiden Sie ein Quadrat mit einer Kantenlänge von 8,5 cm aus dem schwarzen Tonkarton aus, und stempeln Sie in der Embossingtechnik (Anleitung siehe Seite 6)

mehrere Schneeflocken auf das Quadrat. Tupfen Sie mit einem kleinen Schwämmchen in gleicher Technik Goldsprenkel oder -strukturen auf eine der Tannenhälften. Auf die andere Hälfte kleben Sie den Schriftzug »Frohe Weihnachten«. Blocken Sie beide Baumhälften auf (Anleitung siehe Seite 6). Kleben Sie das schwarze Quadrat hinter das ausgeschnittene Fenster und bringen Sie die Baumhälften leicht gegeneinander versetzt auf der Vorderseite der Karte auf.

Ein Stern ist geboren

(Foto Seite 10, rechts)

Das wird gebraucht

rote Doppelkarte DIN A6, Querformat
rostfarbener Tonkarton
goldene und rote Streusternchen
Stempel »Frohe Weihnachten«
Stempel mit Schneeflockenmotiv
Embossingkissen, farblos
goldfarbener Embossingpuder
Schneidunterlage
Cutter • Lineal • Pauspapier
Bleistift • Klebstoff

So wird's gemacht

Übertragen Sie den Stern nach der Vorlage auf den Tonkarton. Stempeln Sie in der Embossingtechnik (Anleitung siehe Seite 6) mehrere Schneeflocken auf, und schneiden Sie dann den Stern aus. Drehen Sie die Karte so, dass sich der Falz oben befindet. Legen Sie den Stern auf die Vorderseite der Karte, sodass eine Zacke in die obere Mitte weist (Abstand vom oberen Rand 2,3 cm) und die benachbarten Zacken den gleichen Abstand zu den Seitenrändern haben. Zeichnen Sie mit Bleistift die Umrisse des Sterns nach, und schneiden Sie ihn mit Cutter und Lineal aus.

Drehen Sie nun den rostfarbenen Stern um 180 Grad, und kleben Sie ihn an den Spitzen auf der Karte auf. An die äußeren Zackenspitzen der Sterne kleben Sie abwechselnd je ein goldenes und ein rotes Streusternchen (Anleitung siehe Seite 6). An den unteren Kartenrand stempeln Sie in der Embossingtechnik »Frohe Weihnachten«.

Weihnachtsbaum-Impressionen

Das wird gebraucht

dunkelblaue Doppelkarte DIN A6,
  Querformat
goldfarbener Spiegelkarton DIN A6
Reststück goldfarbene Wellpappe
selbstklebender goldener Schriftzug
  »Frohe Weihnachten«
großer Folienstern
Schneidunterlage
Cutter
Lineal
Klebstoff oder Doppelklebeband

Für die Variante:
dunkelblaue Doppelkarte DIN A6,
  Querformat
goldfarbener und blauer Spiegelkarton
  DIN A6
Reststück goldfarbene Wellpappe
selbstklebende goldene Buchstaben
  für »Frohes Fest«
Zellkautschuk oder ähnliches Material
Schneidunterlage
Cutter
Lineal
Klebstoff oder Doppelklebeband
Dekorschere

So wird's gemacht

Übertragen Sie das Dreieck nach der
Vorlage auf die Rückseite des Spiegelkartons und die Umrisse des Tannen-

Kinder, hängt den Stiefel raus

baums auf die Rückseite der Wellpappe. Schneiden Sie die Motive mit Cutter und Lineal aus und vom Deckblatt der Karte am rechten Rand einen Streifen von 1,8 cm Breite ab. An diese Schnittkante kleben Sie mit 0,4 cm Abstand zum unteren Kartenrand das goldene Dreieck. Kleben Sie nun die Wellpappe um 0,2 cm nach innen versetzt auf den Spiegelkarton, sodass der Stamm bis zum unteren Kartenrand reicht. Den Folienstern – Sie können diesen auch aus Spiegelkarton zurechtschneiden – kleben Sie zur Hälfte auf der Wellpappe auf. Parallel zur linken Seite des Baums bringen Sie den Schriftzug »Frohe Weihnachten« an.

Für die Variante schneiden Sie den kleineren Baum aus blauem Spiegelkarton statt aus Wellpappe. Die beiden Schrägseiten der Tannen schneiden Sie mit der Dekorschere. Blocken Sie die blaue Tanne auf (Anleitung siehe Seite 6) und schneiden Sie den Stern aus Wellpappe aus. Auf die Innenseite der Doppelkarte kleben Sie die Worte »Frohes Fest«.

Das wird gebraucht

champagnerfarbene Doppelkarte
  DIN A6, Hochformat
roter Tonkarton
naturfarbene Wellpappe
selbstklebender goldener Schriftzug
  »Frohe Weihnachten«
Baumwollstoff mit Weihnachtsmotiven
Doppelklebefolie
Zellkautschuk oder ähnliches Material
Schneidunterlage
Cutter • Schere
Lineal • Pauspapier
Bleistift • Klebstoff

So wird's gemacht

Übertragen Sie die Umrisse des Sterns auf den roten Fotokarton und auf die glatte Rückseite der Wellpappe, und schneiden Sie die Sterne aus. Kleben Sie beide übereinander und leicht versetzt in die linke obere Ecke der Karte. Auf den roten Stern kleben Sie den Schriftzug. Schneiden Sie die ausgewählten Stoffmotive (z.B. Stiefel oder Stern) grob aus, montieren sie auf Doppelklebefolie und blocken Sie diese auf (Anleitung siehe Seite 6). Kleben Sie beide Motive in den unteren Teil der Karte, sodass der Stiefel die Sterne etwas überdeckt.

Festtagsmenü
(im Foto links)

rote Doppelkarte DIN A6, Hochformat
grüner Spiegelkarton DIN A6
Baumwollstoff mit Weihnachtsmotiven
Tonkarton
selbstklebende goldene Sternchen
selbstklebender goldener Schriftzug »Menü«
Doppelklebefolie
Zellkautschuk oder ähnliches Material
Schneidunterlage
Cutter • Lineal • Pauspapier • Bleistift
Klebstoff oder Doppelklebeband

So wird's gemacht

Übertragen Sie die Konturen des Tannenbaums von der Vorlage je einmal auf den Fotokarton und auf die Rückseite des Spiegelkartons. Schneiden Sie diese Tannen aus. Kleben Sie den Baum aus Spiegelkarton auf den rechten unteren Teil der Karte. Oberhalb der Spitze bringen Sie den Stern an; parallel zur linken Seite des Baums kleben Sie dreimal den Schriftzug »Menü«. Aus dem Baumwollstoff schneiden Sie nun grob eine Tanne aus. Kleben Sie den Stoff mit Hilfe der Doppelklebefolie auf den Tonkarton auf (Anleitung siehe Seite 6). Blocken Sie die Tanne auf (Anleitung siehe Seite 6), und befestigen Sie sie etwas schräg nach oben versetzt über der Tanne aus Spiegelkarton. Kleben Sie das zweite Sternchen auf Fotokarton, schneiden Sie es aus, und blocken Sie es oberhalb der Spitze der Stofftanne auf.

Von drauß' vom Walde komm ich her

(im Foto rechts)

Das wird gebraucht

dunkelgrüne Doppelkarte DIN A6, Hochformat
selbstklebender goldener Schriftzug »Frohe Weihnachten«
goldene Streusternchen
schmaler Streifen Goldfolie
Schneidunterlage
Cutter • Lineal • Pauspapier • Bleistift
Klebstoff mit Punktspitze

So wird's gemacht

Übertragen Sie den halben Tannenbaum (mit der Spitze nach unten) von der Vorlage auf die rechte Seite der Karte und schneiden Sie die Kontur exakt mit Cutter und Lineal aus. Im Abstand von 4,5 cm zum Falz kleben Sie den schmalen Streifen Goldfolie auf. Drehen Sie das abgeschnittene Stück um 180 Grad und blocken es so auf (Anleitung siehe Seite 6), dass es den Goldstreifen etwas überlappt. An den Schnittkanten der beiden Bäume kleben Sie nun die Streusternchen auf (Anleitung siehe Seite 6). In der rechten oberen Ecke der Innenseite bringen Sie parallel zur Schnittkante den Schriftzug an.

Wenn der Weihnachtsbaum uns lacht

(im Foto links)

Teddy bringt Geschenke

(im Foto rechts)

Das wird gebraucht

rote Doppelkarte DIN A6, Querformat
Geschenkpapier mit Weihnachtsmotiven
selbstklebender goldener Schriftzug
    »Frohes Fest«
goldene Streusternchen
flaches Holzfigürchen (Nikolausmotiv)
Schneidunterlage
Cutter • Lineal • Pauspapier • Bleistift
Klebstoff

Das wird gebraucht

dreiteilige rote Passepartoutkarte
    ca. 18 x 12 cm, mit rechteckigem
    Ausschnitt
Geschenkpapier mit Bärchenmotiven
Tonkarton
selbstklebender Schriftzug
    »Merry Christmas« in Rot-metallic
Zellkautschuk oder ähnliches Material
Schere
Klebstoff

So wird's gemacht

Legen Sie die Karte so vor sich hin, dass sich der Falz oben befindet. Übertragen Sie den Tannenbaum nach der Vorlage mittig auf die Vorderseite der Karte. Schneiden Sie die Tanne mit Cutter und Lineal sorgfältig aus. Schneiden Sie nun ein etwa postkartengroßes Stück aus dem Weihnachtspapier aus, und kleben Sie es von hinten gegen den Ausschnitt der Vorderseite. Unter dem »Stamm« der Tanne bringen Sie den Schriftzug »Frohes Fest« auf. Entlang der linken Kante des Baums kleben Sie goldene Streusternchen auf (Anleitung siehe Seite 6). Blocken Sie das Holzfigürchen in der rechten unteren Ecke der Karte auf (Anleitung siehe Seite 6).

So wird's gemacht

Kleben Sie zunächst hinter den Ausschnitt der Passepartoutkarte ein entsprechend übergroßes Stück Geschenkpapier. Kleben Sie dann die von vorn gesehen rechte Seite der Karte von hinten gegen das Geschenkpapier, sodass die Karte eine »saubere« Innenseite bekommt. Bringen Sie noch den Schriftzug auf dem Geschenkpapier auf, dann schneiden Sie einen Teddy und einige kleine Päckchen grob aus dem Geschenkpapier aus, kleben die Motive auf Fotokarton auf und schneiden alles exakt aus. Blocken Sie den Teddy (Anleitung siehe Seite 6) in der rechten unteren Ecke des Passepartoutrahmens auf, und verteilen Sie die Päckchen auf dem oberen und rechten Rand der Karte.

Stille Nacht

(im Foto rechts)

Das wird gebraucht

dunkelblaue Doppelkarte ca. 21 x 10 cm,
  Hochformat
Transparentpapier DIN A4
Tonkarton
dunkelblauer Satinstoff mit goldenen
  Weihnachtsmotiven
selbstklebender goldener Schriftzug
  »Frohe Weihnachten«
selbstklebende goldene Sternchen
Zellkautschuk oder ähnliches Material
Schneidunterlage
Cutter • Lineal
Klebstoff
Bleistift
Pauspapier

So wird's gemacht

Übertragen Sie das Dreieck nach der
Vorlage rechts unten auf die quer ge-
legte Karte, und schneiden Sie es aus.
Kleben Sie nun das Transparentpapier
hinter der Vorderseite der Karte an, sodass die Schmalseite im Falz der Karte
zu liegen kommt und etwa zwei Drittel
des Bogens aus der Karte herausragen.
Falzen Sie den Bogen zunächst nach innen und im Falz der Karte dann wieder
nach außen. Kleben Sie nun auf den
sichtbaren Teil des Transparentpapiers
sowie auf die blaue Karte einige Goldsternchen. Parallel zum rechten Schenkel
des Dreiecks bringen Sie den Schriftzug

»Frohe Weihnachten« an. Schneiden Sie
das Weihnachtsmotiv grob aus dem
Stoff aus, und blocken Sie es schräg
über das ausgeschnittene Dreieck auf
die Karte auf (Anleitung siehe Seite 6).

Kerzen im Sternenregen

(im Foto links)

Das wird gebraucht

dreiteilige weiße Passepartoutkarte
  ca. 18 x 12 cm, mit rechteckigem
  Ausschnitt
Transparentpapier
Tonkarton
dunkelblauer und goldener Spiegelkarton
dunkelblauer Satinstoff mit goldenen
  Weihnachtsmotiven
selbstklebender goldener Schriftzug
  »Frohe Weihnachten«
selbstklebende goldene Sterne in unter-
  schiedlichen Größen
Doppelklebefolie
Zellkautschuk oder ähnliches Material
Schere • Cutter • Lineal

So wird's gemacht

Kleben Sie zunächst ein Stück Transparentpapier in Postkartengröße hinter
das Passepartoutfenster. Schneiden Sie
nun zwei »Kerzen« grob aus dem Stoff
und eine aus dem Spiegelkarton aus.
Die Stoffkerzen montieren Sie auf Dop-

pelklebefolie. Bringen Sie die größere Stoffkerze und die goldene Kerze leicht gegeneinander versetzt auf dem Transparentpapier auf. Verteilen Sie dann auf der hinter dem Fenster sichtbaren Innenseite der Karte einige Goldsternchen in sehr unterschiedlichen Größen. Kleben Sie diese Seite dann am Rand hinter dem Transparentpapier fest – achten Sie darauf, dass kein Klebstoff durch das Transparentpapier zu sehen ist. Blocken Sie die kleine Stoffkerze auf der Vorderseite der Karte auf (Anleitung siehe Seite 6), sodass sie die beiden anderen Kerzen überlappt. Kleben Sie zwei mittlere und einen großen Stern auf verschiedenfarbigen Spiegelkarton, und schneiden Sie diese dann mit etwas Zugabe aus. Einen Stern kleben Sie als Flamme über die goldene Kerze, die beiden anderen blocken Sie auf und setzen sie über die anderen beiden Kerzen.

Bringen Sie auf dem Transparentpapier und dem oberen linken Rand der Karte noch einige Sternchen an. Schneiden Sie einen weiteren Stern aus dem blauen Spiegelkarton aus, verzieren ihn mit zwei kleinen Sternchen, blocken ihn auf und kleben ihn rechts oben auf die Karte; den Schriftzug »Frohe Weihnachten« setzen Sie in die rechte untere Ecke.

Am Weihnachtsbaume die Lichter brennen

So wird's gemacht

Übertragen Sie die Umrisse der Kerzen und des halben Sterns sowie Tannenbaums von der Vorlage auf die Rückseite des Spiegelkartons und schneiden Sie diese aus. Zeichnen Sie die Umrisse der Kerzenflammen, des Sterns und des Baums, die später aus dem Stoff ausgeschnitten werden, auf den Fotokarton, und schneiden Sie die Formen exakt aus. Nach diesen Schablonen schneiden Sie grob den Stoff zurecht und montieren ihn mit Doppelklebefolie auf den Tonkarton (Anleitung siehe Seite 6).

Kleben Sie Tanne und Kerze aus goldener Spiegelfolie sowie eine der Flammen auf die Karte auf. Blocken Sie die andere Flamme, die Stofftanne, die blaue Kerze und den goldenen Stern auf (Anleitung siehe Seite 6). Die Stofftanne kleben Sie mittig auf die Goldtanne, die blaue Kerze nach rechts unten versetzt auf die goldene Kerze. Die Flamme platzieren Sie passend zur blauen Kerze. Den Stern so platzieren, dass die senkrechte Schnittkante in einer Flucht mit der Senkrechten der goldenen Tanne verläuft. Auf den Stern kleben Sie den halben Stoffstern. Parallel zur schrägen Schnittkante der goldenen Tanne kleben Sie vier Goldsternchen auf.

Fest in Gold
(im Foto links)

Das wird gebraucht

dunkelgrüne Doppelkarte ca. 21 x 10 cm, Hochformat
Spiegelkarton in Grün
champagnerfarbenes Design-Briefpapier mit goldenem Weihnachtsmotiv
selbstklebender goldener Schriftzug »Frohe Weihnachten«
selbstklebende goldene Sternchen
Schneidunterlage
Cutter • Lineal
Klebstoff
Bleistift
Pauspapier

So wird's gemacht

Legen Sie die Karte mit dem Falz nach oben vor sich hin, und übertragen Sie die Umrisse des halben Tannenbaums dreimal: einmal bündig zum Rand auf die linke Seite der Karte und einmal auf die rechte Seite mit ca. 2,3 cm Abstand zum rechten und ca. 0,5 cm zum unteren Rand. Ein weiteres Mal übertragen Sie die Umrisse auf die Rückseite des Spiegelkartons. Schneiden Sie alle Formen mit Cutter und Lineal sorgfältig aus. Kleben Sie die Baumhälfte aus Spiegelkarton leicht nach rechts versetzt hinter den Ausschnitt auf der rechten Kartenseite. So wird der Briefbogen dahinter sichtbar. Parallel zum rechten Kartenrand kleben Sie den Schriftzug »Frohe Weihnachten«. Die kleinen Sternchen bringen Sie parallel zu den Schrägen der linken Baumhälfte an. Kleben Sie nun die beiden oberen Ecken des Briefbogens (Rückseite) unterhalb des Innenfalzes der Karte fest, und falzen Sie den Bogen zunächst nach innen, dann wieder nach außen.

Weihnachts-stimmung

(Foto Seite 24/25, rechts)

Das wird gebraucht

rote Doppelkarte ca. 21 x 10 cm, Hochformat
Spiegelkarton in Rot und Gold
champagnerfarbenes Design-Briefpapier mit roten, grünen und goldenen Weihnachtsmotiven
selbstklebender goldener Schriftzug »Frohe Weihnachten«
Zellkautschuk oder ähnliches Material
Schneidunterlage
Cutter • Lineal • Klebstoff • Bleistift
Pauspapier

So wird's gemacht

Legen Sie die Karte mit dem Falz nach oben vor sich hin, und übertragen Sie die gezackte Linie der Vorlage auf die linke untere Ecke der Karte und schneiden Sie die Kontur mit Cutter und Lineal nach. Übertragen Sie die Umrisse je eines Sterns auf die Rückseiten des roten und goldenen Spiegelkartons. Schneiden Sie die beiden Sterne aus, blocken Sie diese auf (Anleitung siehe Seite 6), und kleben Sie sie überlappend rechts unten auf der Karte auf. Auf die Karte setzen Sie nun noch den Schriftzug »Frohe Weihnachten«. Kleben Sie dann die beiden oberen Ecken des Briefbogens (Rückseite) unterhalb des Innenfalzes der Karte fest, und falzen Sie den Bogen zunächst nach innen, dann wieder nach außen.

Verträumter Weihnachtsengel

So wird's gemacht

Reißen Sie von einem etwa postkarten-großen Stück des naturfarbenen Papiers den oberen und rechten Rand unregel-mäßig ab. Kleben Sie dieses Stück auf die Vorderseite der Karte und drehen Sie diese, sodass der Falz nach oben weist. Stempeln Sie auf den Tonkarton den Schriftzug in der Embossingtechnik (Anleitung siehe Seite 6) und schneiden Sie ihn mit der Dekorschere aus. Schnei-den Sie die ausgewählten Stoffmotive zunächst grob aus, montieren Sie diese auf Doppelklebefolie, und blocken Sie alles auf der Vorderseite der Karte auf (Anleitungen siehe Seite 6), sodass das Herz den Schriftzug überlappt.

Das wird gebraucht

cognacfarbene Doppelkarte DIN A6, Hochformat
cognacfarbener Tonkarton
naturfarbenes Strukturpapier
Baumwollstoff mit Engel- und Herzmotiven
Doppelklebefolie
Stempel »Frohe Weihnachten«
Embossingkissen, farblos
goldener Embossingpuder
Zellkautschuk oder ähnliches Material
Schere (möglichst Silhouettenschere)
Dekorschere • Klebstoff

O Tannenbaum

So wird's gemacht

Übertragen Sie die Umrisse des Tannenbaums von der Vorlage auf den Tonkarton, und schneiden Sie die Binnenform heraus. Legen Sie diesen Rahmen auf die Vorderseite der Karte und tupfen Sie mit dem Schwämmchen Goldfarbe in den Baumausschnitt. Schneiden Sie sich eine Schablone für den Stern in der Baumspitze und tupfen Sie auch dort Goldfarbe auf. Übertragen Sie nun den Schriftzug auf die Karte (siehe Umschlaginnenseite) und malen Sie diesen mit einem feinen Pinsel nach. Kleben Sie noch einige Streusternchen auf den Baum und in den Stern auf der Spitze.

Das wird gebraucht

dunkelblaue Doppelkarte DIN A6,
 Hochformat
Goldfarbe (Wasserfarbkasten)
goldene Streusternchen
Tonkarton
Pauspapier
Bleistift
Reste eines Haushaltsschwamms
Feiner Pinsel

Kerzenschein – Mondenschein

Das wird gebraucht

dreiteilige rote Passepartoutkarte
 DIN A6, mit rechteckigem Ausschnitt
champagnerfarbenes Naturpapier
Tonkarton
rote Wellpappe
roter Spiegelkarton
Baumwollstoff mit Mondmotiv
selbstklebende schwarze Buchstaben
 für »Merry Christmas«
Doppelklebefolie
Zellkautschuk oder ähnliches Material
Schere (möglichst Silhouettenschere)
Klebstoff oder Doppelklebeband
Cutter • Lineal

So wird's gemacht

Kleben Sie hinter den Passepartoutausschnitt ein entsprechend großes Stück champagnerfarbenes Naturpapier. Kleben Sie dann die von vorn gesehen rechte Seite der Karte von hinten gegen das Naturpapier. Schneiden Sie nun den Mond grob aus dem Stoff aus, montieren ihn mit Doppelklebefolie auf Tonkarton, und blocken Sie ihn auf (Anleitung siehe Seite 6). Übertragen Sie die Umrisse der Kerze auf die Rückseite der Wellpappe und die Linien für den schmaleren Streifen auf die Rückseite des Spiegelkartons. Schneiden Sie beides aus, und kleben Sie den Spiegelstreifen mittig auf die Wellpappe. Blocken Sie die Kerze ebenfalls auf (Anleitung siehe Seite 6) und befestigen Sie die Kerze in

der rechten unteren Ecke der Karte, den Mond als Flamme darüber. Bringen Sie die Beschriftung senkrecht zu beiden Seiten des Fensters an.

Morgen kommt der Weihnachtsmann

(Foto Seite 30, links oben)

Das wird gebraucht

dreiteilige apricotfarbene Passepartout-
   karte ca. 18 x 12 cm, mit rechteckigem
   Ausschnitt
dunkelbraunes Naturpapier
weinroter Tonkarton
Baumwollstoff mit Weihnachtsmannmotiv
goldene Streusternchen
Stempel »Frohe Weihnachten«
Embossingkissen, farblos
goldener Embossingpuder
Doppelklebefolie
Zellkautschuk oder ähnliches Material
Schere, möglichst Silhouettenschere
Klebstoff mit Punktspitze
Cutter oder Pinzette

So wird's gemacht

Kleben Sie zunächst hinter den Passepartoutausschnitt ein entsprechend großes Stück braunes Naturpapier. Kleben Sie dann die von vorn gesehen rechte Seite der Karte von hinten gegen das braune Papier. Schneiden Sie nun

Tannen im modernen Kleid

Das wird gebraucht

dunkelgrüne Doppelkarte DIN A6,
  Hochformat
goldfarbene Wellpappe
grüner und goldener Spiegelkarton
selbstklebende goldene Sterne
  in verschiedenen Größen
Schneidunterlage
Cutter • Lineal • Pauspapier
Bleistift
Klebstoff oder Doppelklebeband

den Weihnachtsmann grob aus dem
Stoff aus, montieren ihn auf Doppelklebefolie und blocken Sie ihn auf (Anleitung siehe Seite 6). Stempeln Sie mittels
Embossingtechnik den Schriftzug auf
den weinroten Tonkarton (Anleitung siehe Seite 6) und schneiden Sie den Karton um den Schriftzug herum zurecht.
Die Breite sollte dem Passepartoutausschnitt entsprechen (8 bis 9 cm). Blocken
Sie auch den Schriftzug auf (Anleitung
siehe Seite 6) und kleben Sie ihn am
oberen Rand des Ausschnittes auf. Den
Weihnachtsmann setzen Sie in die linke
untere Ecke des Passepartouts. Die
Streusternchen verteilen Sie sowohl im
Fenster als auch auf dem Rahmen der
Karte (Anleitung siehe Seite 6).

Vorfreude auf die Geschenke

Das wird gebraucht

dunkelblaue Doppelkarte DIN A6, Hochformat
dunkelblauer und silberner Spiegelkarton
selbstklebende silberne Buchstaben für »Frohes Fest«
selbstklebende silberne Sternchen
Baumwollstoff mit weihnachtlichem Fenstermotiv
Doppelklebefolie
Zellkautschuk oder ähnliches Material
Schneidunterlage
Cutter • Lineal • Schere • Wunderlocher

So wird's gemacht

Übertragen Sie die Umrisse der Tanne nach der Vorlage auf die Rückseite der Wellpappe und schneiden Sie die Form aus. Teilen Sie die Tanne in zwei Hälften. Übertragen Sie nun die Dreiecksform der Vorlage je einmal auf die weiße Rückseite des goldenen und des grünen Spiegelkartons. Schneiden Sie auch diese Dreiecke aus. Kleben Sie die beiden Baumhälften gegeneinander versetzt in den rechten unteren Teil der Karte, und lassen Sie in der Mitte einen Abstand von ca. 0,3 cm. Auf jede Tannenhälfte kleben Sie nun – etwas nach unten versetzt – das entsprechende Dreieck aus Spiegelkarton. Auf das rechte Dreieck kleben Sie mittig einen kleinen Stern. Schneiden Sie zwei unterschiedlich große Sterne in der Mitte durch, und bringen Sie oberhalb der Baumspitze links die größere und rechts eine kleinere Sternhälfte an.

So wird's gemacht

Schneiden Sie das ausgewählte Motiv grob aus dem Stoff aus, und kleben Sie es mit Hilfe der Doppelklebefolie mittig auf die Vorderseite der Karte (Anleitung siehe Seite 6). Schneiden Sie mit Cutter und Lineal vier 1 cm breite Streifen aus dem blauen Spiegelkarton aus. Schneiden Sie diese »Kerzen« auf unterschiedliche Längen und am oberen Ende nach innen gebogen zu. Stanzen Sie mit dem Wunderlocher vier Sterne aus dem silbernen Karton und bringen Sie auf jedem Stern ein selbstklebendes Sternchen auf. Blocken Sie Streifen und Sterne auf (Anleitung siehe Seite 6), und kleben Sie Kerzen und Flammen auf. Bringen Sie nun noch die selbstklebenden Buchstaben auf.

Die Deutsche Bibliothek – CIP-Einheitsaufnahme

Weihnachtskarten schnell gemacht : mit Schritt-für-Schritt-Anleitungen und Vorlagen / Christa Reif. – Augsburg : Augustus-Verl., 1999 (Ideenkiste)
ISBN 3–8043–0680–2

Verlag und Verfasserin bedanken sich bei der Firma Uhlig und der Firma Rössler Papier für die Unterstützung bei der Verwirklichung dieses Buches.

Fotografie: Christian Kargl, München
Lektorat: Norbert Pautner, München
Umschlagkonzeption: Kontrapunkt, Kopenhagen
Umschlaglayout: Andreas Bernhard
Reihenkonzeption: Kontrapunkt, Kopenhagen
Layout: Anton Walter, Gundelfingen

AUGUSTUS VERLAG AUGSBURG 1999
© Weltbild Ratgeber Verlage GmbH & Co. KG.

Satz: Gesetzt aus 9,5 Punkt The Sans von DTP-Design Walter, Gundelfingen
Reproduktion: GAV Prepress, Gerstetten
Druck und Bindung: Offizin Andersen Nexö, Leipzig

Gedruckt auf 135 g umweltfreundlich chlorfrei gebleichtes Papier.

ISBN 3–8043–0680–2

Printed in Germany